DIANLI YINGXIAO XIANCHANG JICHA
DIANXING ANLI HUIBIAN

电力营销现场稽查典型案例汇编

（2021版）

国网河南省电力公司　编

中国电力出版社
CHINA ELECTRIC POWER PRESS

图书在版编目（CIP）数据

电力营销现场稽查典型案例汇编：2021版 / 国网河南省电力公司编 .—北京：中国电力出版社，2022.8

ISBN 978-7-5198-6818-5

Ⅰ. ①电... Ⅱ. ①国... Ⅲ. ①电力工业—市场营销学—检查—案例—中国 Ⅳ. ①F426.61

中国版本图书馆CIP数据核字（2022）第097665号

出版发行：中国电力出版社
地　　址：北京市东城区北京站西街19号（邮政编码100005）
网　　址：http://www.cepp.sgcc.com.cn
责任编辑：丁　钊（010-63412393）
责任校对：黄　蓓　马　宁
装帧设计：王红柳
责任印制：杨晓东

印　　刷：三河市百盛印装有限公司
版　　次：2022年8月第一版
印　　次：2022年8月北京第一次印刷
开　　本：880毫米×1230毫米　32开本
印　　张：4.75
字　　数：120千字
定　　价：40.00元

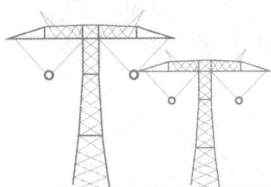

编写委员会

主　任　张立庆

副主任　赵善俊　郭　雷　杨建龙　韦　雅

委　员　孙合法　陈建国　赵　睿　杨　雷

编写人员

主　编　孙合法　李翼铭

副主编　王宏民　王安军　徐二强　王　峻
　　　　　李会君　李亚男

参　编　丁　博　崔　惟　王奕萱　刘启明
　　　　　夏传鲲　崔抗洪　于阳玲　张倚天
　　　　　郭海云　武　杰　刘旭中　王向敏
　　　　　李建华　张春贵　申志平　师钰蘅
　　　　　李蔷薇　茹祥昆　朱　敏　董李峰
　　　　　陈　东　徐亚建　张　峰　马　莉
　　　　　哈红莉　郭　宁　吴俊霞　金玉寒
　　　　　丁　贺　李明亮　李　琦　高新峰

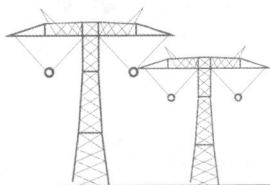

电力营销稽查是电力营销环节内控约束机制的主要组成部分，是电力营销风险管理的重要内容和有效途径。通过有效开展电力稽查工作，可以达到规范营销行为，堵塞漏洞，挖潜增效，提高营销政策执行力，减少营销差错的目的。

营销稽查案例，即有代表性的营销稽查报告，是营销稽查人员对电力营销工作质量深入调查和认真分析后写成的书面总结。描述了营销差错问题的现象、产生的原因、查处方法和整改措施等，是一份生动的"作业指导书"。为完善营销稽查管理机制、提高营销稽查质量和效率，通过梳理和建立营销稽查典型案例库，挖掘案例问题特征，总结提炼有针对性的、有指导意义的稽查方法，对提升营销稽查工效，有效防范营销风险具有深远而积极的意义。

本书从 2021 年反映较多的案例中筛选出有价值案例 71 件。按业务（即为业扩报装、电能计量、抄核收、用电检查、客户服务、电压质量、线损管理等）进行分类，共编制 18 个主题。每个案例都是深入、细致的调查、研究、分析的结果，在充分反映存在问题的基础上，从内部稽查的角度分析问题产生原因，提出进一步完善业务工作程序和业务监管的建议，以引起营销管理者的重视，并帮助营销从业人员从中吸取教训，提高认识，改进工作。

本书由国网河南省电力公司组织编写，孙合法、李翼铭担任主编，王宏民、王安军、徐二强、王峻、李会君、李亚男担任副主编。国网河南省电力公司营销服务中心（计量中心）、国网河南省电力公司技能培训中心及基层供电公司专家参与了案例的整理、编写和审核工作。

在本书的编写过程中，国网河南省电力公司营销部、国网河南省电力公司营销服务中心（计量中心）、国网河南省电力公司技能培训中心领导高度重视并给予了大力支持。国网郑州供电公司、国网平顶山供电公司、国网焦作供电公司、国网河南省电力公司营销服务中心（计量中心）、国网河南省电力公司技能培训中心等同志提供了大量素材、现场资料及宝贵建议，再次一并表示感谢。

鉴于编者水平有限，汇编中难免存在不妥之处，敬请读者批评指正。

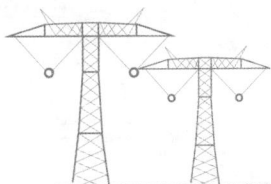

目 录

1

业扩报装流程管理不规范

案例 1　业扩终止再重启，规避考核不可取

基本情况

通过营销稽查"业扩流程终止后重启"主题筛查发现，某用户 2021 年 7 月 12 日申请高压新装受电变压器容量为 13600kVA，新装流程于 2021 年 7 月 22 日终止，2021 年 7 月 29 日又重新申请高压新装。

核查情况

该用户 2021 年 7 月 12 日提交高压新装申请，供电公司对用户供电方案制订后需进行供电方案答复时，因特大暴雨不可控自然灾害，营销系统后台异常导致业扩答复供电方案环节无法往下传递，根据×电营销〔2021〕166 号《10 千伏新装增容业务全流程办理时限分解及预警规则》，业务环节"答复供电方案"中【业务受理】环节开始时间至【答复供电方案】环节完成时间"放管服"时限要求为 10 个工作日，工作人员为避免业扩流程超期，经与用户协商认可后于 7 月 22 日终止流程。暴雨过后，7 月 29 日用户重新到营业厅进行业务申请，接到用户申请后工作人员 7 月 29 日将流程重启，形成业扩流程终止后重启异常问题。

暴露问题

为规避业扩流程时限考核，人为通过终止流程避免超期。

处理结果

对业扩人员进行批评考核，避免类似事件发生。

🎯 **防范措施**

（1）事前业扩专业全流程监控，严格按照公司业扩全流程环节和时限指引的相关要求开展业扩流程管控工作。

（2）充分利用营销稽查监控手段，做好营销业务监督管控。

（3）遇到特殊情况影响流程进度，需加强与用户沟通，协商处理办法。

案例 2　业扩终止后重启，用电申请需指导

基本情况

通过营销稽查"业扩流程终止后重启"主题筛查发现，某用户 2020 年 11 月 19 日申请办理增容，2020 年 12 月 7 日申请终止，2021 年 5 月 7 日又重新办理申请流程，形成业扩流程终止后重启异常问题。

核查情况

该用户 11 月 19 日申请办理增容，又于 12 月 7 日申请办理减容恢复，因营销系统内无法同时进行两个业务流程，因此 12 月 7 日终止增容流程，减容恢复流程完成后，5 月 7 日为该户重新办理了增容业务。

暴露问题

工作人员在为用户办理增容业务的时候，未深入了解该户的用电诉求，未对用户提出合理的业务类型办理建议。

处理结果

向用户解释无法办理增容的原因后终止增容流程，减容恢复后，用户再次办理增容。

防范措施

（1）在业扩报装流程的培训工作中，要同时加强其他业务办理流程的培训。

（2）在受理用户用电申请时，要深入了解用户的用电状态以及真正的用电诉求，指导用户合理规划用电申请内容。

案例 3 "一址多户" 需清理，用电秩序要规范

基本情况

通过营销稽查"一址多户"主题筛查发现，某用户为物业小区居民用户（户号Ⅰ），与另一户（户号Ⅱ）存在相同户名、相同用电地址的情况，疑似存在漏收高可靠性费用。

核查情况

经现场核实，两用户同属一个物业公司管理，用户现场实际用电地址不在同一处，不存在高可靠性费用、基本电费漏收问题，因报装时工作人员操作失误未明确录入详细地址造成"一址多户"情况。

暴露问题

（1）营销档案信息管理不规范。

（2）业扩报装工作不规范。

处理结果

通过改类流程细化用电地址，更正用户档案信息，确保营销系统信息与现场情况一致。

防范措施

（1）加强对报装人员报装流程的监督管理，对营销系统录入的档案信息严格把关，从源头上进行控制。

（2）加强用户业扩报装现场检查力度，避免出现由于用电地址填写不规范造成基本电费或高可靠性供电费少收、漏收的情况。

案例 4　业扩环节超期限，流程处理要及时

基本情况

通过营销稽查"业扩报装流程超长"主题筛查发现，某用户2020年10月27日提交用电申请，2021年3月16日完成送电，2021年3月17日流程归档。

核查情况

经核实，该用户2020年10月27日提交用电申请，在供电方案答复环节时用户要求变更报装容量，工作人员通过方案订正修改容量，合同签订环节结束时间为2021年2月22日，竣工验收环节结束时间2021年3月9日，送电结束时间为2021年3月16日，装表接电环节共耗时6个工作日，由于工作人员流程处理不及时，导致装表接电环节超期。

暴露问题

工作人员办理业扩流程过程中责任心不强导致处理环节超时，造成装表接电环节超期。

处理结果

对造成超期相关责任人员进行考核。

防范措施

（1）严格按照业扩报装全流程时限要求，增强工作人员责任心，规范业扩报装工作。

（2）加强与用户沟通，尽量避免由于用户需求变更导致的环节超期。

案例 5　业扩工单时长短，时限安排应合理

基本情况

通过营销稽查"业扩报装接电时长超短"主题筛查发现，某用户 2021 年 8 月 12 日申请高压增容，2021 年 8 月 12 日流程归档，全流程共用 2.5h（小时）。

核查情况

由于用户申请用电后急需用电，工作人员未按流程时限为用户紧急送电，造成业扩工单时长超短。

暴露问题

（1）工作人员办理业扩流程过程中未能合理安排流程时限，导致处理环节超短。

（2）工作人员办理业扩流程过程中责任心不强，没有与用户沟通选择其他处理方式，导致处理环节超短。

处理结果

对造成超短相关责任人员进行考核。

防范措施

（1）严格按照业扩报装全流程时限要求，加大台区管理力度，增强工作人员责任心，规范业扩报装工作。

（2）针对不可控问题应提前制订业务处理预案，尽量可控流程时限既合理又不违规。

案例6 临时用电不规范， 档案信息要同步

基本情况

通过营销稽查"临时用电不规范"主题筛查发现，某用户2017 年 2 月 27 日办理临时用电业务，临时用电合同到期后未转为正式用电。

核查情况

经核查，该用户现场为正式用电。供电公司营销系统档案信息未同步更新。

暴露问题

实际已转为正式用电的原临时用户，营销系统档案信息未同步更新。

处理结果

（1）2021 年 6 月 23 日通过改类流程更正用户临时用电标志，联系用户签订正式供用电合同。

（2）对该台区管理人员进行考核。

防范措施

对台区管理人员加强业扩报装技能培训，增强工作责任心，定期进行现场普查，杜绝此类问题再次发生。

案例 7　装表接电超期限，业扩报装要规范

基本情况

通过营销稽查"装表接电环节超期"主题筛查发现，某用户 2021 年 2 月 19 日提交用电申请，送电时间 2021 年 4 月 14 日，归档时间 2021 年 4 月 14 日。其中业务收费环节结束时间为 2021 年 3 月 23 日，合同签订环节结束时间为 2021 年 3 月 29 日，竣工验收环节结束时间 2021 年 3 月 30 日，送电结束时间为 2021 年 4 月 14 日，装表接电环节共耗时 10 个工作日，导致装表接电环节超期。

核查情况

经核查，供电公司 3 月 31 日对该用户竣工验收后，计划于 4 月 2 日为其装表送电，但 4 月 1 日用户电缆遭施工外破且当日下雨，施工开挖造成积水，积水顺电缆埋管倒灌进箱式变电站基础内，用户联系供电公司告知现场情况，要求供电公司待其将电缆修复并处理好积水后再装表送电。

暴露问题

因不可抗力因素（暴雨等）导致用户现场工程受阻或需要重新施工，缺少不可抗力应对措施。

处理结果

4 月 13 日相关问题处理妥当，于 4 月 14 日完成装表送电。

防范措施

工作人员加强业扩流程环节时限管控，对业扩流程各个环节时间进行严格把关。

案例 8 业扩终止又重启，情况沟通要及时

基本情况

通过营销稽查"业扩流程终止后重启"主题筛查发现，某用户 2020 年 1 月 7 日申请办理高压增容，于 2020 年 3 月 30 日终止流程，2020 年 4 月 3 日又重新申请增容流程，形成业扩流程终止后重启异常问题。

核查情况

经核查，该用户因受疫情影响，受电工程未完工，无法预计开工时间，该用户要求终止业务流程。4 月 3 日，疫情过后用户重新申请增容业务，客户经理重新办理业务流程，新流程已于 4 月 24 日完成归档。

暴露问题

因不可抗力因素（疫情等）导致用户现场工程受阻或需要重新施工，缺少不可抗力应对措施。

处理结果

按照用户要求重新开始流程，并在时限内完成报装流程。

防范措施

（1）遇到特殊情况影响流程进度，需加强与用户沟通，协商处理办法。

（2）业扩报装全流程监控，严格按照公司业扩全流程环节和时限指引的相关要求开展业扩流程管控工作。

2

基础信息及合同
签订不规范

案例 9　优惠电价错执行，档案信息要更新

基本情况

通过营销稽查"上报高耗能用户退出台账"专项主题筛查发现，某用户为高耗能用户，错误执行疫情优惠电价。

核查情况

该用户为高耗能用户，2020 年 6 月 29 日工作人员为用户办理暂停恢复流程时，错误将电价类别由砖瓦、石材等建筑材料制造行业修改为其他开采专业及辅助性活动，导致用电档案信息中显示该用户退出高耗能行业，造成高耗能用户享受 7、8 月 95 折电价优惠。

暴露问题

改类工单业务流程错误，基层业务办理人员业务能力不足、责任心不强。

处理结果

工作人员于 2020 年 8 月将用户电价类别重新修改为砖瓦、石材等建筑材料制造行业，于 8 月追补用户 7、8 月错误优惠电费，追补金额 690.9 元。

防范措施

（1）加强用电检查，了解用户实际行业分类，及时更新档案信息，确保与实际用电负荷情况一致。

（2）开展专题培训，提升基层业扩办理人员业务素质。

案例 10　已签显示未续签，合同管理要规范

基本情况

通过营销稽查"供用电合同签订不规范"主题筛查发现，某用户，2021 年 12 月时合同有效期截至 11 月 29 日，缺少有效用电合同。

核查情况

供电公司和该用户签订线下合同未及时上传，导致用户合同存在异常，无有效用电合同。

暴露问题

工作人员对用户合同管理不规范，未及时按照要求更新业扩高（低）压供用电合同。

处理结果

工作人员于 2021 年 12 月发起合同续期流程，补签供用电合同，合同状态已正常。

防范措施

加强与用户沟通，规范合同管理，及时续签供用电合同。

案例 11　优惠电价错执行，档案维护要正确

基本情况

通过营销稽查"同户名执行高耗能电价不统一"主题筛查发现，某供热公司用户为高耗能用户，发现执行优惠电价不统一。

核查情况

该户档案信息中行业分类与同户名的其他用户行业分类不一致，此用户档案的行业类别选择错误，造成用户被认定为非高耗能行业，错误执行优惠电价。

暴露问题

电价执行不规范，未能及时发现用户错误执行优惠电价问题。

处理结果

（1）工作人员于 2020 年 3 月通过档案维护流程修改该户行业类别为热力生产和供应（高耗能行业）。

（2）工作人员于 4 月追补优惠电费 1224.94 元。

防范措施

（1）加强用电检查，及时对行业类别等客户基础信息进行更新。

（2）深入开展电价政策学习，规范执行优惠电价。

3

非销户客户计量点停用异常

案例 12　　档案维护要规范，计量信息需复核

基本情况

某地市公司在开展日常稽查工作中发现，某用户因工作人员将用户计量点档案维护错误，造成多计量点用户中 1 个计量点状态设定为停用，实际为运行状态，造成电量漏计的情况。

核查情况

经工作人员现场察看，该用户下有 4 个计量点，在业扩工作人员进行档案维护的过程中，因工作人员操作失误，造成其中 1 个计量点维护为停用的状态。

暴露问题

工作人员在档案维护的过程中业务操作不规范，造成计量点运行状态错误，后期客户经理也未对用户档案进行复核。

处理结果

（1）修正用户计量点运行状态并追补漏计电量。

（2）依据《国家电网有限公司供电服务质量事件与服务过错认定办法》第四章第十二条（三）三类过错"情节较轻，给客户或企业造成 1 万元以下直接经济损失，引起客户不良感知或给企业造成轻微不良影响的供电服务过错。"认定责任人为三类过错，对责任人进行通报批评，并要求其他人员引以为戒，避免类似问题再次发生。

防范措施

（1）规范业扩流程，加强业务人员日常培训。

（2）要求客户经理对用户设备情况进行现场核对，确保设备现场运行情况与系统一致。

案例 13　漏计电量不应该，计量维护要规范

基本情况

某地市供电公司在开展日常稽查工作中发现，某用户现场有两个计量点，运行状态与营销档案信息不一致。

核查情况

经核查，该用户名下有多个计量点，分别供小区居民和商户使用，因小区配套设施改造，小区商户中某个计量点需停用，工作人员受理用户申请时，误将小区居民使用的计量点停用，造成错误停用计量点，居民计量点使用电量未抄回。

暴露问题

工作人员责任心不强，在档案信息录入过程中业务操作不规范，造成系统档案与现场实际情况不一致。

处理结果

（1）将小区居民计量点恢复使用，因表计正常计量，下个抄表周期发行全部电量。小区商户计量点维护为暂停。

（2）依据《国家电网有限公司供电服务质量事件与服务过错认定办法》第四章第十二条（三）三类过错"情节较轻，给客户或企业造成1万元以下直接经济损失，引起客户不良感知或给企业造成轻微不良影响的供电服务过错。"认定责任人为三类过错，对责任人进行通报批评，并要求其他人员引以为戒，避免类似问题再次发生。

🎯**防范措施**

（1）规范业扩流程，加强业务人员日常培训。

（2）要求客户经理对用户设备情况进行现场核对，确保设备现场运行情况与系统一致。

4

"三减四零"等业扩新举措执行不到位

案例 14　增容流程超时限，业扩管控需把关

基本情况

通过营销稽查"低压非居民业扩报装办电超长"主题筛查发现，某用户于 2021 年 2 月 22 日申请发起低压非居民增容流程，2021 年 4 月 14 日归档，总办电时长 51 天，超出×电营销〔2021〕166 号《业扩报装全流程环节和时限指引》文件规定时限要求。

核查情况

工作人员办理业务流程因工作失误未及时将低压增容工单向下一环节推送，造成低压非居民增容流程时长超长。

暴露问题

工作人员对业扩报装办电流程时限管控不到位。

处理结果

根据《国家电网有限公司员工违规违纪行为惩处细则》第一章第七条，对工作人员进行通报批评。

防范措施

加强工作人员对业扩流程环节时限管控，对业扩流程各个环节时间进行严格把关。

案例 15　业扩终止又重启，流程管控应到位

基本情况

通过营销稽查"业扩流程终止后重启"主题筛查发现，某用户于 2021 年 2 月 5 日发起高压增容流程时，存在 30 天内供电单位相同、用户名称相同、线路名称相同、合同容量相同的高压增容流程终止记录。

核查情况

该用户于 2021 年 1 月 13 日申请高压增容，因工作人员业扩配套工程选择错误，于 2021 年 2 月 2 日将高压增容流程终止，在 2021 年 2 月 5 日重新发起高压增容流程，造成业扩流程终止后重启。

暴露问题

工作人员业务办理不认真，业扩报装管控不到位。

处理结果

2021 年 3 月 12 日对工作人员处以 300 元的经济处罚。

防范措施

制订培训计划，加强责任心教育，规范营销业务人员操作流程，杜绝此类问题的再次发生。

案例 16 增容流程有失误，业务收费要规范

基本情况

通过营销稽查"业务费收取不规范"主题筛查发现，某用户 2021 年 8 月 2 日立户，双电源供电，备用电源容量 400kVA，未收取高可靠性供电费。

核查情况

该用户 2021 年 7 月 19 日申请办理高压增容，因工作人员操作失误，确定业务费环节中未确定高可靠性供电费用。

暴露问题

工作人员业务不熟练，责任心不强，业务费收取操作不规范。

处理结果

2021 年 8 月完成补收高可靠性供电费用 7.6 万元。

防范措施

加强工作人员业务能力培训，针对双电源用户开展业务费收取情况排查，发现异常及时挽回损失。

5
分布式光伏用户
管理不规范

案例 17　客户设备有损坏，提醒义务要履行

基本情况

通过营销稽查"分布式光伏电量异常"主题筛查发现。某用户为分布式光伏用户，但 2021 年全年均无发电量。

核查情况

经稽查人员现场核实，该用户光伏转换设备"逆变器"损坏，未进行维修，导致分布式光伏发电量长期为零。

暴露问题

（1）对光伏用户发电量异常情况监控不到位，未及时发现异常。

（2）用电检查工作人员未及时对用户用电设备进行检查，并告知用户。

处理结果

（1）对该用户下达用电检查通知书，提醒其联系光伏公司维修设备，早日投入使用。

（2）告知用户，如不使用设备，请及时申请销户。

防范措施

（1）提高用电检查人员对分布式光伏用户的关注度，定期检查用户的发用电情况，规范分布式光伏业务。

（2）加大对分布式光伏用户的政策宣传力度，鼓励用户积极发电；同时告知用户，如不使用设备，及时申请销户。

案例 18　长期没有发电量，异常监控要进行

基本情况

通过营销稽查"分布式光伏电量异常"主题筛查发现。某用户行业分类为乡村居民，发电量消纳方式为"全额上网"，长期无发电量。

核查情况

经稽查人员现场核实，该用户因表计低压断路器跳闸（见图 5-1）造成长期无发电量。因该房屋非本人居住，营销档案中留存的联系电话亦非本人联系电话，无法联系到该用户，稽查人员无法擅自前往用户家中进行处理。

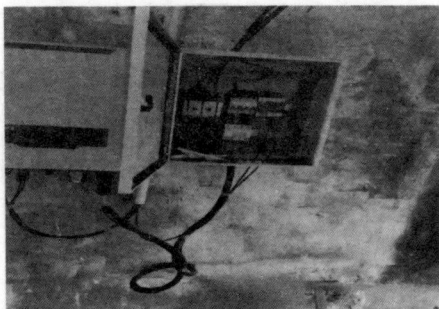

图 5-1　低压断路器跳闸照片

暴露问题

（1）对光伏用户发电量异常情况监控不到位，未及时发现异常。

（2）用户联系方式信息更新不及时。

⚙ 处理结果

后经多方联系，找到用户本人，受其该用户委托，稽查人员前往用户家中复位低压断路器（见图 5-2），目前设备已正常发电上网。

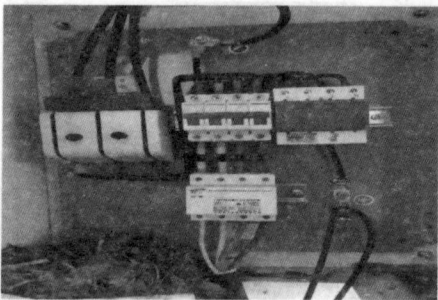

图 5-2　低压断路器复位照片

◎ 防范措施

（1）提高用电检查人员对分布式光伏用户的关注度，定期检查用户的发用电情况，规范分布式光伏业务。

（2）加大对分布式光伏用户的政策宣传力度，鼓励用户积极发电。

案例 19 外部信息出错误， 提醒义务要尽到

基本情况

通过营销稽查"光伏扶贫电站档案容量与备案容量不一致"主题筛查发现。某用户营销系统申请容量为 296.8kVA，与全国光伏扶贫信息监测系统中备案容量 2600kVA 不一致。

核查情况

经稽查人员现场核实，该用户现场实际装机容量 296.8kVA，与营销系统容量一致。由于县扶贫办工作人员在光伏扶贫信息监测系统中录入信息时，将该户与其他 6 户（容量分别为：305.28、305.28、593.6、392.2、296.8、410.04kVA）合并为一个联村光伏电站（容量 2600kVA）录入系统，导致营销系统光伏扶贫用户装机容量与备案容量不一致。

暴露问题

未及时对接光伏扶贫信息监测系统档案信息。

处理结果

联系县扶贫办，提醒更正用户档案信息。

防范措施

（1）规范管理业扩档案信息管理，确保与光伏现场信息保持一致。

（2）及时对接光伏扶贫信息监测系统档案信息，发现问题及时提醒纠正。

案例 20　发电设备已拆除，引导客户要销户

基本情况

通过营销稽查"分布式光伏电量异常"主题筛查发现，某用户为分布式光伏发电用户，长期无发电量。

核查情况

经核查，该用户现场未安装光伏发电设备，因用户与光伏公司存在矛盾，已拆除发电设备，决定不再继续发电。

暴露问题

对光伏用户发电量异常情况监控不到位，未及时发现异常。

处理结果

通过"分布式电源销户"流程对该用户进行销户。

防范措施

提高用电检查人员对分布式光伏用户的关注度，定期检查用户的发用电情况，规范分布式光伏业务。

案例 21 光伏设备有损坏，督促返厂快检修

基本情况

通过营销稽查"分布式光伏电量异常"主题筛查发现，某用户光伏发电设备损坏，光伏设备 2021 年 6 月份起一直未启用，导致分布式光伏电量异常。

核查情况

经核查，该用户现场正在装修，用户光伏设备已经拆除返厂维修，后期改造后继续投入使用。已经对用户下达用检通知书，督促用户对损坏光伏设备尽快进行维修并投入正常使用。

暴露问题

对光伏用户发电量异常情况监控不到位，未及时发现异常。

处理结果

给用户宣传光伏政策，建议用户尽快联系光伏公司对损坏光伏设备尽快维修并投入正常使用。

防范措施

加强工作人员对供电辖区内对用户用电情况的了解，发现问题及时处理。

案例 22　光伏长期未发电，督促维修快使用

基本情况

通过营销稽查"分布式光伏电量异常"主题筛查发现，某用户，2021 年全年均无发电量。

核查情况

经核查，该用户因光伏转换设备损坏未使用，导致分布式光伏发电量为 0。用户长期也未进行维修。电能表电采数据与抄表数据一致。

暴露问题

对用户设备损坏不维修无发电量情况，用检人员仅能通过下达用电检查通知书的形式进行通知和督促，无法强制用户进行使用。

处理结果

（1）已对用户进行光伏政策宣传。

（2）已对用户下发用电检查通知书，督促其对光伏设备进行维修使用。

防范措施

（1）提高用电检查人员对光伏用户的关注度，定期对其下发用电检查通知单，要求其进行设备维修和使用。

（2）对用户进行政策宣传，通知告知用户，如不使用设备，及时申请销户。

6

台区线损管理不规范

案例 23　示数错录现负损，现场装拆要规范

基本情况

通过营销稽查"月负损台区"主题筛查发现，某台区，2020年6月线损突降，线损率为－10.79%，台区线损率异常。

核查情况

工作人员为台区下用户更换电能表时错误录入电能表示数，多录入 3000kW·h 电量，造成台区线损率为负值，多收取用户电量电费。

暴露问题

现场装拆表示数录入管理不规范。

处理结果

（1）工作人员于 2020 年 6 月完成对用户多计收电量的退补，退补电量 3000kW·h，退补电费 1837.50 元。

（2）根据《国家电网有限公司员工违规违纪行为惩处细则》第一章第七条，对工作人员进行通报批评。

防范措施

重点关注台区异常线损情况，加强计量人员责任心，提高计量人员业务能力，确保精准录入装拆表示数。

案例 24　**计量有误现高损，台区巡检要到位**

基本情况

通过营销稽查"月高损台区"主题筛查发现，某台区为新建台区，系统显示该台区下挂接 10 个用户，2021 年 11 月线损突增，线损率达到 24.88%，台区线损率过高。

核查情况

该台区为 11 月新建台区，用户逐渐调至该台区下，经电能信息采集系统查询该台区在 11 月 26 日～12 月 5 日期间线损异常。台区经理现场勘察发现用户，C 相电流线连接松动造成电能表少计量。

暴露问题

台区巡检不到位，现场计量装置故障未及时处理。

处理结果

工作人员于 2021 年 12 月维护现场接线情况，通过电能信息采集系统分析该台区平均损耗电量为 100kW・h，追补漏计电量 1000kW・h，追补金额 484.2 元，12 月累计线损率为 9.73%，线损已恢复正常。

防范措施

重点关注高损台区用电情况，定期开展台区巡检，及时协调各部门推进高损台区治理工作。

7

业务费或基本电费
收取不规范

案例 25　　基本电费少计收，业扩管控要严格

基本情况

通过营销稽查"两部制电价执行异常"主题筛查发现，某用户营销用户档案为两台变压器，一台 200kVA，一台 2500kVA，执行大工业电价。2020 年 9 月办理暂停 2500kVA 变压器业务，暂停后执行普通工业电价。2020 年 12 月 16 日申请办理 2500kVA 暂停恢复业务。办理暂停恢复业务后，执行大工业电价，定价策略为"单一制"。

核查情况

经核实，用户运行容量为 2700kVA，2020 年 12 月 16 日用户申请 2500kVA 变压器恢复，在办理恢复过程中，由于工作人员业务不熟练，只更改电价与功率因数执行标准，错将定价策略选择为"单一制"，造成漏收基本电费。

暴露问题

（1）业扩报装流程不规范，管控松懈。

（2）业务培训不到位，业务人员对工作中易出问题的环节了解不清，工作不细心、业务不熟练。

处理结果

（1）通过改类流程将基本电费计费方式更改正确。

（2）追补漏计基本电费 3.5 万元。

（3）依据《国家电网有限公司供电服务质量事件与服务过错认定办法》第四章十二条（二）二类过错："情节较重，给客户或

企业造成 1 万元及以上 5 万元以下直接经济损失，或在一定范围内给企业形象造成不良影响的供电服务过错。"认定责任人为二类过错，对责任人进行通报批评，并处罚金 200 元。

🎯 防范措施

管理单位严格把关业扩工单审核，加强业扩人员的业务培训，避免问题再次出现。

案例 26　文件理解有偏差，多收费用应退还

基本情况

某地市供电公司在开展日常稽查工作中发现，某用户原有一台 2000kVA 变压器，由公共线路 T 接；因企业用电设备需高可靠供电，自建专板供电线路提高供电可靠性，2021 年 8 月份，用户申请新增一台 2000kVA 变压器，同时申请双电源供电，缴纳高可靠供电费 38 万元。

核查情况

经核查，该用户新增线路为用户自建专板线路，根据××省发展与改革委员会×发改价管〔2018〕470 号文件："电力用户自建线路实现双回路供电的，不收取高可靠供电费，自建线路包括第二路新建电源点至用户负荷侧全部线路。"超范围收取高可靠性供电费。

暴露问题

业扩人员政策解读不到位，误认为两条线路都是用户自建专板才不收取高可靠供电费。

处理结果

退还用户高可靠供电费 38 万元。

防范措施

（1）加强业扩人员的业务培训，举一反三对双电源用户进行排查，避免存在多收或少收高可靠供电费情况。

（2）涉及追退用户费用工单审核环节严格把关，避免因个人理解偏差造成错误追退。

8
电价执行错误

案例 27　电费出现突增长，分时电价有异常

基本情况

　　某地市供电公司在开展日常稽查工作中发现，某用户 2019 年 6 月申请执行峰谷分时电价，2021 年 4 月稽查发现该户电费未降低反而猛增。

核查情况

　　通过营销系统查询，2020 年 8 月 7 日，办理电能计量装置改造工作票，换表时未发现该户执行峰谷分时电价，因此在工作流程中档案信息中未选择电能表示数类型，导致 2020 年 8 月 7 日～2021 年 3 月 5 日，用户电能表记录的峰谷分时电量未录入营销系统，营销系统全部按峰段电价收取用户电费，造成用户电费出现突增异常。

暴露问题

　　（1）业务人员责任意识不强，业务技能欠缺。

　　（2）电费突变时，客户经理未及时核查用户电费变化情况，核算人员未认真进行电费审核。

处理结果

　　（1）2021 年 3 月 10 日，办理"改类"工作票，添加峰谷示数类型。

　　（2）2021 年 3 月 5 日总有功示数为 3821，峰示数为 1240，谷示数为 2581，因此需退峰段电量 2581kW·h，追谷段电量 2581kW·h，追退客户峰谷电价差额电费为 387.15 元。

防范措施

(1) 规范换表工作流程，提高用户档案信息的准确率与正确率。

(2) 加大营销稽查监控系统中用户电费异常数据的检测与分析。

(3) 加强核算人员电费审核工作力度，对用户电量、电费等重要信息进行认真审核。

案例 28　私自增容是违约，减容管理要到位

基本情况

通过营销稽查"超容量用电"主题筛查发现，某用户原有两台 2000kVA 变压器，合同容量为 4000kVA，属于大工业用电，计量方式为高供高计，用户 2020 年 12 月临时性减容一台 2000kVA 变压器，2021 年 3 月份发行电量为 37 万 kW·h，谷段电量 35 万 kW·h，4 月份发行电量 62 万 kW·h，谷段电量为 57 万 kW·h，谷段超出理论最大用电量 18.6 万 kW·h，超容率 48.44%。

核查情况

经电能信息采集系统核实，该户 2020 年 2 月负荷曲线最大负荷为 1600kW，用电量集中在晚上 10 点至次日 8 点，3、4 月份负荷曲线最大负荷 2400kW，日负荷处于平稳状态。现场核实该户运行两台 2000kVA 变压器，用户私自将减容变压器投入使用，属违约用电。

暴露问题

用电检查执行不到位，对临时性减容管理不到位，未将变压器拆除并移位。

处理结果

（1）对该户下发违约用电（窃电）通知书。

（2）追补该户电费及违约使用电费。根据《供电营业规则》第一百条第二条：私自超过合同约定的容量用电的，用户应补交私增容量使用月数的基本电费，并承担三倍私增容量基本电费的

违约使用电费。应补交基本电费、违约使用电费 32 万元。

（3）拆除私增设备。如客户要求继续使用，需办理减容恢复手续。

防范措施

（1）利用电能信息采集系统监测客户负荷情况，对负荷异常用户进行现场核查。

（2）对电量突增突减用户进行现场核实原因，避免类似问题产生。

案例 29　暂停恢复有偏差，业扩流程要规范

基本情况

通过营销稽查"两部制电价执行异常"主题筛查发现，2021年2月，某采用10kV高供高计供电用户，合同容量1050kVA，暂停前执行两部制电价，电价为大工业电价。暂停恢复后，未执行大工业电价，与现场不符。

核查情况

经核查，该用户合同容量1050kVA，按容量收取基本电费，2020年8月18日申请暂停800kVA变压器，暂停时间为2020年8月18日～10月26日，暂停后，运行变压器为250kVA，电价更改为普通工业电价，9月3日用户提前恢复800kVA变压器，恢复时未将电价更改为大工业电价，导致基本电费和电价计算错误。

暴露问题

（1）业扩管理不规范，业务人员专业技能有待加强。

（2）电费审核人员工作不细致，电价问题监督力度不足。

处理结果

（1）2021年3月22日，已通过"改类"流程更正，将普通工业电价改为大工业电价。

（2）2021年2月，追补基本电费、差价电费、功率因数调整电费，合计48711.36元。

🎯 **防范措施**

（1）强化业扩规范化管理，暂停（减容）用户恢复时，核查用户电价策略设置是否正确。

（2）组织电费审核人员的相关培训，加大电价执行监督力度。

案例 30　电价定比未执行，用电检查要到位

基本情况

通过营销稽查"农业电价执行异常"主题筛查发现，某用户执行一般农业生产电价，存在连续六个月月均用电量大于 20000kW·h 的情况。

核查情况

经现场核查，该用户用电负荷为机井抽水用电，一部分用于农业排灌，用电类别属于农业排灌，一部分用于村庄居民抽水和道路环保洒水，用电类别属于居民生活用电。用电量占比为农业排灌 20%，居民生活合表 80%。

暴露问题

（1）用电检查力度不够，导致混合用电性质全部执行低电价类别。

（2）法律法规宣传不到位，用户规范用电意识淡薄。

处理结果

（1）2020 年 9 月 17 日，已通过"改类"流程修改定比电价，执行居民生活合表电价 80% 和农业排灌电价 20%。

（2）对未执行定比电价的电量，针对居民生活合表（1～10kV）电价类别错误执行一般农业生产用电（1～10kV）电价类别的电量进行电量差价追补。

🎯 **防范措施**

（1）加强农业用电现场巡视，结合电能信息采集系统开展常态监控，对用户异常用电情况及时进行现场核实，确认是否存在问题并及时处理。

（2）加强法律法规宣传，强化用户规范用电意识。

案例 31 基本电费多收取，档案录入要规范

基本情况

某地市供电公司在开展日常稽查工作中发现，某用户 2021 年 1 月 5 日立户，供电电压 10kV，变压器容量 800kVA，为充换电服务业，根据规定应执行大工业电价，免收基本电费，但实际正常收取用户基本电费。

核查情况

经现场检查，该用户实际为充换电服务业，根据×政办〔2020〕30 号××省人民政府办公厅关于印发××省加快电动汽车充电设施建设若干政策的通知第五项第四条："对向电网企业直接报装接电的经营性集中式充（换）电设施，2025 年前免收基本电费。"但由于在营销系统内行业分类选择电力供应，电价执行大工业分时电价，定价策略为两部制，多收用户基本电费。

暴露问题

（1）工作业务人员对充换电服务报装业务不熟练。

（2）业扩管理不规范。

处理结果

（1）2021 年 5 月 30 日已通过"改类"流程更正用户行业分类，定价策略为单一制。

（2）退还基本电费 77333.33 元。

防范措施

（1）加强电费专业培训，强调电价电费执行正确的重要性，发现问题及时处理、及时整改。

（2）加强业扩报装技能培训，增强业务人员工作责任心，提升业务工作水平，杜绝此类问题再次发生。

案例 32　漏计变损少收费，报装流程应规范

基本情况

通过营销稽查"变压器容量与变损编号容量不一致"主题筛查发现，某用户采用 10kV 高供低计供电，运行容量 50kVA，用电类别为农业生产用电，2020 年 7 月 24 日立户后一直未计收变损电费。

核查情况

经核查，该用户变压器型号为 S9，2020 年 7 月 24 日新装立户，新装时计量点方案中变损计费标识被业务人员误选为"否"，导致该户漏计 11 天变损电费。

暴露问题

（1）业扩报装流程不规范、管控松懈。

（2）电费审核人员工作不细致，电价问题监督力度有待加强。

处理结果

（1）2020 年 8 月 3 日，已通过"改类"流程更正计量点方案中变损计费标识为"是"。

（2）追补漏计变损电费 23.70 元。

防范措施

（1）规范业扩报装流程，加大业扩业务人员培训，加强营销业务数据源头管理。

（2）组织电费审核人员业务培训，强化对电价问题的监督力度。

案例 33　私改类别成违约，营业普查要执行

基本情况

通过营销稽查"变压器容量与变损编号容量不一致"主题筛查发现，某用户合同容量 2kW，执行电价为一般农业生产电价，2020 年 7 月月用电量为 1.06 万 kW·h。

核查情况

经核查，该户早期用电负荷为果木种植，但 2020 年 5 月底，用户现场已无果木种植用电负荷，现场实际负荷为工地施工用电，用于加工装修用板材。

暴露问题

（1）营业普查、用电检查工作不到位，用户用电类别与现场实际不符。

（2）用户违约用电。

处理结果

（1）依据《供电营业规则》第一百条第 1 款："在电价低的供电线路上，擅自接用电价高的用电设备或私自改变用电类别的，应按实际使用日期补交其差额电费，并承担两倍差额电费的违约使用电费。使用起讫日期难以确定的，实际使用时间按三个月计算。"用户属于私自改变用电类别的，应追补差价电费、违约使用电费，合计 6340.08 元。

（2）通过改类流程，将用户用电性质及电价更改为与现场相符。

防范措施

（1）加大现场营业普查力度，定期开展自查，及时发现电价执行异常并整改，避免电量电费损失。

（2）加大相关法律法规的宣传，提高用户规范用电意识。

案例 34 电费减免未享受，服务力度要加强

基本情况

通过营销稽查"电量符合基本电费免收条件未申请变更"主题筛查发现，某用户 2020 年 3 月现场运行两台变压器，运行容量 1300kVA，按容量收取基本电费，2 月 1～20 日电量符合基本电费免收条件但未进行申请。

核查情况

经现场核查，该用户为大工业用电，2020 年 2 月 1～20 日因春节假期和疫情原因未进行生产，2020 年 2 月 1～20 日电量 4248kW，2019 年 12 月 1～31 日之间电量 100584kW，2 月 1～20 日电量小于 2019 年 12 月 1～31 日电量的 5%（5029.2kW），期间该用户也未申请暂停或减容业务，其用电情况符合疫情期间基本电费减免政策。

暴露问题

（1）疫情期间基本电费减免政策宣传不到位。

（2）用电服务力度不够，未能及时提醒用户申请政策性电费减免。

处理结果

工作人员已告知用户××省发展与改革委员会文件×发改价管【2020】98 号《进一步降低企业用能成本工作的通知》，该用户符合申请暂停追溯减免基本电费条件，2020 年 2 月 1～20 日之间按容量 86.6666kVA 计算，追退（减免）基本电费，追补功率因

数调整电费，共计 1679.6 元，另一台变压器按 866.6665kVA 计算，退补（减免）基本电费，追补功率因数调整电费，共追退 16796 元，该户合计退还 18475.6 元。

防范措施

（1）关注执行两部制电价用户的变更情况，对疫情期间符合两部制减免条件的，用户办理业务时要及时向用户宣传到位。

（2）加强服务人员服务力度，提升用户对用电服务的感知度。

9

超容量用电

案例 35　私自增容成违约，用检工作需加强

基本情况

通过营销稽查"超容量用电"主题筛查发现，某用户营销系统合同容量为 200kVA，执行一般工商业电价，2020 年 9 月份发行电量 20.71 万 kW·h，比理论最大用电量（14.4 万 kW·h）多 6.31 万 kW·h。

核查情况

经稽查人员现场核实，该用户因用电设备增加，私自增加一台 100kVA 变压器，私增容量 100kVA（见图 9-1）。

暴露问题

（1）用电检查工作缺失，系统容量与现场实际不符。

图 9-1　私自增加的变压器（一）

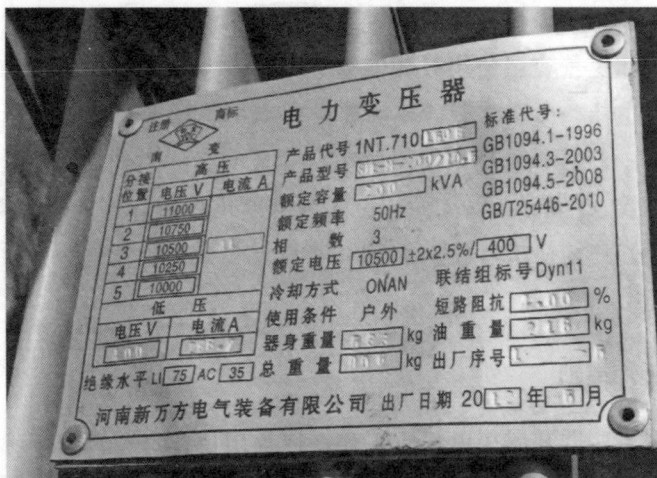

图 9-1　私自增加的变压器（二）

（2）用户存在违约用电行为。

处理结果

依据《供电营业规则》第一百条："2. 私自超过合同约定的容

量用电的，除应拆除私增容设备外，属于两部制电价的客户，应补交私增设备容量使用月数的基本电费，并承担三倍私增容量基本电费的违约使用电费；其他客户应承担私增容量每千瓦（千伏安）50元的违约使用电费。如客户要求继续使用者，按新装增容办理手续。"规定，2020年10月对用户私自增容行为进行处罚，追补用户违约使用电费5000元，拆除私增设备，现场容量恢复成200kVA。

防范措施

（1）定期开展用电检查工作，核查用户容量与营销系统档案是否一致，对私增容量的用户严格按照《供电营业规则》等相关法律法规处理。

（2）对于出现私自增容的情况，向用户加强政策宣传，对窃电、违约用电行为提高现场用电检查工作力度，震慑类似行为发生。

（3）对因用电设备增加致使变压器过负荷运行的用户下达《用电检查结果通知书》，并督促、协助用户及时办理增容。

案例 36   私自增容属违约，处理要按规定来

基本情况

某地市供电公司在开展日常稽查工作中发现，某用户营销系统合同容量为 50kVA，执行一般工商业电价，2020 年 7 月用电信息采集负荷超容率 68.3%。

核查情况

工作人员现场核查发现该用户变压器实际容量为 100kVA，私增容量 50kVA（见图 9-2）。

暴露问题

（1）用电检查工作缺失，系统容量与现场实际不符。

（2）用户存在违约用电行为。

图 9-2　私自增容的变压器（一）

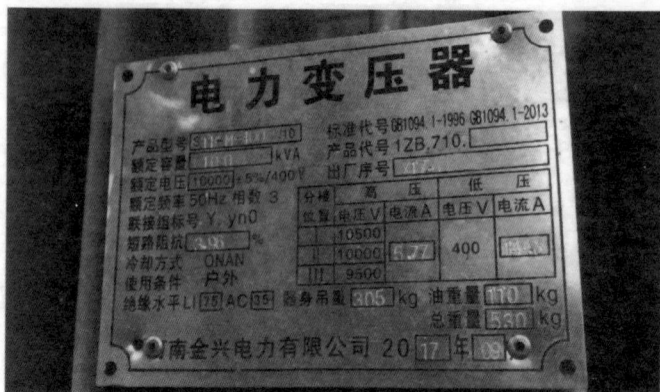

图 9-2　私自增容的变压器（二）

🔧 处理结果

依据《供电营业规则》第一百条："2. 私自超过合同约定的容量用电的，除应拆除私增容设备外，属于两部制电价的客户，应补交私增设备容量使用月数的基本电费，并承担三倍私增容量基本电费的违约使用电费；其他客户应承担私增容量每千瓦（千伏安）50元的违约使用电费。如客户要求继续使用者，按新装增容办理手续。"规定，对客户追补违约使用电费 2500 元，并督促用户于 8 月份完成了增容手续。

🎯 防范措施

（1）定期开展现场检查工作，核查用户容量与营销系统档案是否一致，对私增容量的用户严格按照《供电营业规则》等相关法律法规处理。

（2）对于出现私自增容的情况，向用户加强政策宣传，对窃电、违约用电行为提高现场用电检查工作力度，震慑类似行为发生。

（3）对因用电设备增加致使变压器过负荷运行的用户下达《用电检查结果通知书》，并督促、协助用户及时办理增容。

案例 37　显示超容假异常，档案管理需加强

基本情况

　　通过营销稽查"光伏并网客户超容量发电"主题筛查发现，某光伏发电用户，营销系统合同容量 7kVA，2020 年 7 月份发电量 1742kW·h，大于理论最大发电量（1680kW·h）。

核查情况

　　工作人员现场核查，现场装机容量实际为 11kVA（见图 9-3），经调查，工作人员在业扩新装流程中录入容量档案信息时填写错误，造成现场容量大于系统容量。

图 9-3　光伏并网用户现场情况

暴露问题

　　（1）用户新装立户时业扩人员工作差错导致用户系统申请容

量档案信息录入错误。违反了《国家电网有限公司供电服务标准》7.2.3："严格执行供电服务相关工作规范和质量标准，保质保量完成本职工作，为客户提供专业、高效的供电服务。"

（2）业扩人员现场验收时未认真核实现场实际容量与系统容量是否一致。违反了《国家电网有限公司供电服务标准》7.2.3："严格执行供电服务相关工作规范和质量标准，保质保量完成本职工作，为客户提供专业、高效的供电服务。"

⚙️ 处理结果

（1）订正用户容量档案信息。

（2）依据《国家电网有限公司供电服务质量事件与服务过错认定办法》第四章第十二条（三）三类过错"情节较轻，给客户或企业造成1万元以下直接经济损失，引起客户不良感知或给企业造成轻微不良影响的供电服务过错。"认定责任人为三类过错，对责任人进行通报批评。

🎯 防范措施

（1）加强业扩管理，认真核实用户申请报装信息、现场装机实际情况，避免出现档案信息填写错误。

（2）加强光伏发电用户现场核查工作力度，定期对光伏用户容量进行排查，及时查处异常情况。

（3）加强用户基础档案信息管理，提高用户档案信息准确率与正确率。

案例 38 私增容量被查处，电采系统立大功

基本情况

某地市供电公司在开展日常稽查工作中发现，某用户营销系统合同容量为 730kVA（一台 630kVA，一台 100kVA），执行大工业电价，2020 年 8 月，用电信息采集系统中用电负荷超容率 78.23%，疑似超容量用电。

核查情况

经稽查人员现场核实，用户变压器容量实际为 1350kVA（一台 1250kVA，一台 100kVA），私增容量 630kVA。

暴露问题

（1）用电检查工作缺失，系统容量与现场实际不符。

（2）对用户检查、监控不到位，用户存在私自增容的违约用电，未及时发现并处理异常。

处理结果

依据《供电营业规则》第一百条："2. 私自超过合同约定的容量用电的，除应拆除私增容设备外，属于两部制电价的客户，应补交私增设备容量使用月数的基本电费，并承担三倍私增容量基本电费的违约使用电费；其他客户应承担私增容量每千瓦（千伏安）50 元的违约使用电费。如用户要求继续使用者，按新装增容办理手续。"规定，2020 年 9 月对客户追补基本电费、违约使用电费，合计 4.96 万元，并拆除私增设备，现场恢复成 730kVA 容量。

🎯 **防范措施**

（1）定期开展现场检查工作，核查用户容量与营销系统档案是否一致，对因用电设备增加致使变压器过负荷运行的用户下达《用电检查结果通知书》，并督促、协助用户及时办理增容。

（2）对于出现私自增容的情况，加强政策宣传力度，提高现场用电检查工作力度，对窃电、违约用电行为加大打击力度。

案例 39　违约用电有问题，私增容量不可取

基本情况

通过营销稽查"超容量用电"主题筛查发现，某用户营销系统合同容量为 630kVA，执行大工业电价，2021 年 3 月用电量 55.53 万 kW·h，理论最大用电量为 45.36 万 kW·h，该用户存在超容量用电情况。

核查情况

经核查，该用户变压器容量实际为 730kVA（一台 630kVA，一台 100kVA），私增容量 100kVA。

暴露问题

对用户检查、监控不到位，用户存在私自增容的违约用电，未及时发现并处理异常。

处理结果

依据《供电营业规则》第一百条："2. 私自超过合同约定的容量用电的，除应拆除私增容设备外，属于两部制电价的客户，应补交私增设备容量使用月数的基本电费，并承担三倍私增容量基本电费的违约使用电费；其他客户应承担私增容量每千瓦（千伏安）50 元的违约使用电费。如用户要求继续使用者，按新装增容办理手续。"规定，2021 年 5 月对客户追补基本电费、违约使用电费，合计 8000 元，拆除私装的变压器，与系统档案容量一致。

🎯 防范措施

（1）定期开展现场检查工作，核查用户容量与营销系统档案是否一致，对因用电设备增加致使变压器过负荷运行的用户下达《用电检查结果通知书》，并督促、协助用户及时办理增容。

（2）对于出现私自增容的情况，加强政策宣传力度，提高现场用电检查工作力度，对窃电、违约用电行为加大打击力度。

案例 40　私换容量属违约，办理新装增容量

基本情况

通过营销稽查"超容量用电"主题筛查发现，某高压居民用户在 2022 年 1、2 月的低谷电量突增异常，存在低谷用电量大于理论用电量问题。

核查情况

经核查，用户现场变压器铭牌为 200kVA，营销系统中合同容量及运行容量为 50kVA，存在现场容量和营销系统档案容量不一致问题。该用户于 2021 年 12 月 25 日私自更换一台 200kVA 变压器，存在违约用电行为。

暴露问题

（1）公司在用户办理新装手续后，用电检查工作缺失。

（2）用户存在私自增容违约用电行为。

处理结果

（1）下发《用电检查结果通知书》督促用户申请办理高压增容，用户已在 2022 年 3 月 29 日办理完毕。

（2）对用户私自增容的违约用电行为依据《供电营业规则》第一百零二条规定："擅自超过合同约定的容量用电的，除应拆除私增容设备外，属于两部制电价的用户，应补交私增设备容量使用月数的基本电费，并承担三倍私增容量基本电费的违约使用电费；其他用户应承担私增容量每千瓦（千伏安）50 元的违约使用电费。如用户要求继续使用者，按新装增容办理手续"。该户为高

压居民用户，按私增容量每千瓦（千伏安）50元的违约使用电费处理，违约使用电费为7500元，已整改完毕。

🎯 防范措施

（1）定期开展现场检查工作，核查用户容量与营销系统档案是否一致，对私增容量的用户严格按照《供电营业规则》等相关法律法规处理。

（2）利用用电信息采集系统监测用户日负荷情况，对负荷异常用户进行现场核查；电费发行时对电量突增突减用户进行现场核实原因，避免类似问题产生。

案例 41   居民小区私增容，用电安全有隐患

基本情况

通过营销稽查"超容量用电"主题筛查发现，某用户运行容量为 9800kVA，执行居民合表电价，在 2016 年 2 月，用电信息采集系统中用电负荷超容率 33%，疑似超容量用电。

核查情况

经现场核查，该用户私自增容两台 1000kVA 和两台 630kVA，共计容量 3260kVA。存在现场容量和营销系统档案容量不一致问题，存在违约用电行为。

暴露问题

（1）公司在用户办理新装手续后，用电检查工作缺失。

（2）用户存在私自增容违约用电。

处理结果

（1）通知用户办理高压增容手续，用户已在 2016 年 2 月 29 日办理完毕。

（2）依据《供电营业规则》第一百零二条规定：擅自超过合同约定的容量用电的，除应拆除私增容设备外，属于两部制电价的用户，应补交私增设备容量使用月数的基本电费，并承担三倍私增容量基本电费的违约使用电费；其他用户应承担私增容量每千瓦（千伏安）50 元的违约使用电费。如用户要求继续使用者，按新装增容办理手续。该户为高压居民用户，按私增容量每千瓦（千伏安）50 元的违约使用电费处理，违约使用电费为 163000 元，

已整改完毕。

🎯 防范措施

加强用电稽查和现场检查管理工作；对于出现私自增容的情况，加大宣传力度、检查力度和打击力度，让用户依法依规办理。

案例 42　私自启用变压器，暂停用户应监控

基本情况

通过营销稽查"超容量用电"主题筛查发现，某用户执行大工业电价，合同容量 3250kVA。2021 年 12 月 1 日运行容量 250kVA，2021 年 12 月 2 日～2022 年 2 月 1 日运行容量 1750kVA，经计算该户 2021 年 12 月、2022 年 1 月低谷理论最大用电量应为 42.2 万、43.4 万 kW·h，但该户 2021 年 12 月、2022 年 1 月实际低谷用电量为 50.9 万 kW·h、52.1 万 kW·h，用户月低谷实际用电量超过了理论低谷最大用电量，产生低谷用电量超容异常。

核查情况

经现场核查，该用户已报停的 1500kVA 变压器，仍处于运行状态，现场实际运行容量为 3250kVA，与营销系统内运行容量 1750kVA 不符，属于用户私自启用暂停变压器以达到少交基本电费的违约用电行为。

暴露问题

（1）工作人员现场检查不到位，导致用户长期私自启用暂停变压器违约用电。

（2）未能充分利用电能采集系统对办理暂停手续的用户开展在线监控。

处理结果

（1）依据《供电营业规则》第一百条第 4 款规定："擅自使用

已在供电企业办理暂停手续的电力设备或启用供电企业封存的电力设备的，应停用违约使用设备。属于两部制电价的用户，应补交擅自使用或启用封存设备容量和使用月数的基本电费，并承担二倍补交基本电费的违约使用电费；其他用户应承担擅自使用或启用封存设备容量内每千瓦（千伏安）30元的违约使用电费。"用户私自启用暂停变压器，经专业部门计算，已追补用户基本电费及违约使用电费共计207000元。

（2）及时维护用户营销系统档案信息，将停用变压器恢复至运行状态。

防范措施

（1）加强用电检查工作，对办理暂停手续的用户加强检查监督。

（2）结合用电信息采集系统重点监控该户使用情况，不定期对用户现场进行抽查。

案例 43　夜间生产超负荷，超出容量应新装

基本情况

通过营销稽查"超容量用电"主题筛查发现，某用户营销系统合同容量为 250kVA，执行一般普通工业电价，2020 年 8 月用电量，用电信息采集系统中低谷用电负荷超容率 20%，疑似超容量用电。

核查情况

经现场核查，营销系统中用户合同容量以及运行容量为 250kVA，用户现场实际容量为 250kVA，用户为降低生产成本，选择在谷段生产，受电设备存在超负荷运行情况。

暴露问题

（1）公司在用户办理新装手续后，用电检查工作缺失。

（2）对用户检查、监控不到位，用户存在私自增容的违约用电，未及时发现并处理异常。

处理结果

已针对此问题下发《用电检查结果通知书》通知用户增容，要求其减少负荷或变压器增容确保安全用电。

防范措施

（1）定期开展现场检查工作，核查用户容量与营销系统档案是否一致。

（2）对因用电设备增加致使变压器过负荷运行的用户下达用电检查结果通知单，并督促用户及时办理增容。

案例 44 用电违约为降本，私增处理要及时

基本情况

通过营销稽查"超容量用电"主题筛查发现，某用户用电类别为大工业用电，执行分时电价，合同容量 500kVA。2022 年 1 月，该用户低谷用电量 15.30 万 kW·h，理论最大低谷用电量 12 万 kW·h，该用户存在低谷用电量大于理论用电量问题。

核查情况

经核查，工作人员使用节能变压器能效等级判定装置对变压器进行容量测试，实际监测结果为 1000kVA。

暴露问题

对用户检查、监控不到位，用户存在私自增容的违约用电，未及时发现并处理异常。

处理结果

（1）依据《供电营业规则》第一百条："2. 私自超过合同约定的容量用电的，除应拆除私增容设备外，属于两部制电价的客户，应补交私增设备容量使用月数的基本电费，并承担三倍私增容量基本电费的违约使用电费。如客户要求继续使用者，按新装增容办理手续。"该用户执行两部制电价，追补电费：用户合同容量为 500kVA，现场经容量测试仪检测容量为 1000kVA，私自增容 500kVA 变压器 6 个月，追补基本电费及违约使用电费 24 万元。

（2）用户于 2022 年 2 月办理增容手续，合同容量增至 1000kVA。

防范措施

（1）定期开展用电检查工作，核查用户容量与营销系统档案是否一致，对因用电设备增加致使变压器过负荷运行的用户下达《用电检查结果通知书》，并督促、协助用户及时办理增容。

（2）加强政策宣传力度，提高现场用电检查工作力度，对窃电、违约用电行为加大打击力度。

案例 45　核查特种变压器，处理违约有依据

基本情况

通过营销稽查"超容量用电"主题筛查发现，某用户系统用电类别为大工业用电，执行峰谷分时电价，行业类别为耐火材料制品制造，运行容量为 500kVA，理论最大低谷用电量 12 万 kW·h，实际低谷用电量 14.11 万 kW·h，实际低谷用电量大于理论最大低谷用电量。

核查情况

经核查，该用户现场有 1 台变压器处于运行状态，变压器容量为 500kVA，与营销系统变压器情况一致。该变压器实际为特种变压器，经检测，实际运行容量为 600kVA，该用户私增 100kVA容量，属于私增容量。

暴露问题

对用户检查、监控不到位，用户存在私自增容的违约用电，未及时发现并处理异常。

处理结果

（1）通知用户严格按合同约定容量用电，并向用户下发违约用电通知书及违约用电处理通知书。

（2）依据《供电营业规则》第一百条："2. 私自超过合同约定的容量用电的，除应拆除私增容设备外，属于两部制电价的客户，应补交私增设备容量使用月数的基本电费，并承担三倍私增容量基本电费的违约使用电费。"追补用户基本电费、违约使用电费，合计 24000 元。

🎯 **防范措施**

（1）定期开展用电检查工作，核查用户容量与营销系统档案是否一致，对私增容量的用户严格按照《供电营业规则》等相关法律法规处理。

（2）对于出现私自启用的情况，加大宣传力度，加强检查力度，加大打击力度，震慑类似行为。

案例 46　谷段超容有异常，用户私增属违约

基本情况

通过营销稽查"超容量用电"主题筛查发现，某用户 2022 年 2 月理论最大低谷用电量 1.40 万 kW·h，低谷用电量 1.91 万 kW·h，低谷用电量大于理论最大低谷用电量。

核查情况

经核查，工作人员现场测量后，该变压器实测容量为 73kVA，判定容量为 80kVA，属于私自增容。

暴露问题

（1）用电检查工作缺失，系统容量与现场实际不符。

（2）用户存在违约用电行为。

处理结果

（1）依据《供电营业规则》第一百条"2. 私自超过合同约定的容量用电的，除应拆除私增容设备外，属于两部制电价的客户，应补交私增设备容量使用月数的基本电费，并承担三倍私增容量基本电费的违约使用电费。如客户要求继续使用者，按新装增容办理手续。"私自增容 30kVA 变压器，追补违约电费 1500 元。

（2）为用户办理增容手续，合同容量增至 80kVA。

防范措施

（1）利用节能变压器能效等级判定装置对变压器实际容量进行检测。

（2）定期开展用电检查工作，核查用户容量与营销系统档案是否一致，对私增容量的用户严格按照《供电营业规则》等相关法律法规处理。

（3）对于出现私自增容的情况，加强政策宣传力度，提高现场用电检查工作力度，对窃电、违约用电行为加大打击力度，震慑类似行为发生。

案例 47　暂停期间有电量，减容设备私启封

基本情况

通过营销稽查"超容量用电"主题筛查发现，某用户营销系统合同容量为 500kVA，运行容量为 0，执行非工业电价，2020 年 9 月电量异常，该用户暂停期间有电量。

核查情况

经核查，该用户 2020 年 5 月发起减容工作票，计划恢复日期为 2021 年 5 月。现场检查发现，现场两台处于减容期间的 250kVA 变压器已投入生产，用户私自将减容变压器投入使用，属违约用电。

暴露问题

（1）用电检查执行不到位，对临时性减容管理不到位，未将变压器拆除并移位。

（2）核算人员未对电量突增情况进行核实。

处理结果

（1）对该户下发违约用电通知书。

（2）根据《供电营业规则》第一百条第二条：私自超过合同约定的容量用电的，用户应补交私增容量使用月数的基本电费，并承担三倍私增容量基本电费的违约使用电费。应补交基本电费、违约使用电费，合计 40000 元。

（3）协助用户办理减容恢复手续。

🎯 **防范措施**

（1）定期开展用电检查工作，核查用户容量与营销系统档案是否一致，对私增容量的用户严格按照《供电营业规则》等相关法律法规处理。

（2）对于出现私自启用的情况，加大宣传力度，加强检查力度，加大打击力度，震慑类似行为。

案例 48 夜间用电超负荷，检查监控要到位

基本情况

通过营销稽查"超容量用电"主题筛查发现，某用户营销系统合同容量为 250kVA，执行一般普通工业电价，2020 年 8 月用电量，用电信息采集系统中低谷用电负荷超容率 20%，该用户存在低谷用电量大于理论用电量问题。

核查情况

经核查，该用户运行容量为 250kVA，现场实际容量为 250kVA，用户为降低生产成本，选择在谷段生产，售电设备存在超负荷运行情况。

暴露问题

（1）公司在用户办理新装手续后，用电检查工作缺失。

（2）对用户检查、监控不到位，用户存在私自增容的违约用电，未及时发现并处理异常。

处理结果

（1）已向用户下达用电检查结果通知书，要求其减少负荷或变压器增容确保安全用电。

（2）用户已提出增容申请后为用户办理增容手续。

防范措施

（1）定期开展现场检查工作，核查用户容量与营销系统档案

是否一致。

（2）对因用电设备增加致使变压器过负荷运行的用户下达用电检查结果通知单，并督促用户及时办理增容。

10
居民大电量

案例 49　核实居民大电量，确保电费不流失

基本情况

通过营销稽查"居民合表电价执行异常"主题筛查发现，某用户，执行低压居民合表电价，用电量在 2000kW·h 以上。

核查情况

经核实，该用户现场为小区内供热公司加压泵用电（见图 10-1），应执行一般工商业电价，错误执行居民合表电价。

图 10-1　供热公司加压泵

暴露问题

业扩人员业务不熟练，责任心不强，出现了工作差错，用户实际用电性质与执行电价不相符。违反了《国家电网有限公司供

90

电服务标准》7.2.2："熟知本岗位的业务知识和相关技能，岗位操作规范、熟练，具有合格的专业技术水平。"

处理结果

（1）该公司于 2020 年 4 月 12 日发起改类流程，更改电价为一般工商业电价，并追补差价电费 5925.9 元。

（2）依据《国家电网有限公司供电服务质量事件与服务过错认定办法》第四章第十二条（三）三类过错："情节较轻，给客户或企业造成 1 万元以下直接经济损失，引起客户不良感知或给企业造成轻微不良影响的供电服务过错。"认定责任人为三类过错，对责任人进行通报批评。

防范措施

（1）加强业务人员培训工作，提高业扩人员的专业素养，使业扩人员能够准确定价，避免出现电价执行错误。

（2）加大对居民大电量用户现场稽查工作力度，开展全面排查，发现问题及时处理。

案例 50　居民用电私更改，违约按规要处理

基本情况

通过营销稽查"居民合表电价执行异常"主题筛查发现，某物业用户，执行低压居民合表电价，2021 年 12 月用电量在 4859kW·h。

核查情况

经核实，该用户原为物业用电，对外出租后现场用电性质为商业用电，应执行一般工商业电价，系统档案执行居民合表电价，存在擅改用电类别行为。

暴露问题

对用户检查、监控不到位，用户存在私自更改用电性质违约行为，未及时发现并处理异常。

处理结果

（1）依据《供电营业规则》第一百条："1. 在电价低的供电线路上，擅自接用电价高的用电设备或私自改变用电类别的，应按实际使用日期补交其差额电费，并承担二倍差额电费的违约使用电费。使用起讫日期难以确定的，实际使用时间按三个月计算。"追补差额电费及违约使用电费合计 4410 元。

（2）用户营销档案更改为执行商业电价。

防范措施

（1）定期开展用电检查工作，核查用户现场用电性质与营销

系统档案是否一致，对擅改用电类别的用户严格按照《供电营业规则》等相关法律法规处理。

（2）加强政策宣传力度，提高现场用电检查工作力度，对窃电、违约用电行为加大打击力度，震慑类似行为发生。

11

连续多月未抄表且预存金额较大

案例 51 用户长期未用电，预收电费需处置

基本情况

通过营销稽查"电费虚拟户"主题筛查发现，该用户 2020 年 1~6 月未发行电费且存有 15 万预收电费。

核查情况

经核查，该用户因疫情原因未生产无用电，长期无发行电费，工作人员未根据用户用电情况提醒用户预收金额较大。

暴露问题

工作人员对用户用电情况不了解，预收管理不规范。

处理结果

（1）工作人员与用户沟通，于 2020 年 6 月 9 日为用户办理退费手续，完成 15 万预收金额退费。

（2）工作人员与用户协商，用户确认不再继续用电，2020 年 6 月 12 日为用户完成办理销户手续。

防范措施

定期核查用户用电情况与预收金额，若用户长期不用电，及时联系用户退费处理。

案例 52　电费预存金额大，用电情况要沟通

基本情况

通过营销稽查"电费虚拟户"主题筛查发现，某用户预收金额 768282.73 元，2019 年 7 月～2020 年 1 月，月发行电量均为 0，预存金额较大。

核查情况

该户在 2019 年 3 月底因资金紧张停产，于 2019 年 6 月 19 日该客户申请两年内减容，减容时间为 2019 年 6 月 19 日～2021 年 6 月 18 日止。因用户生产需要，该客户于 2019 年 11 月申请减容恢复，工作人员要求该用户预付费方式先后交费 15、20、40 万元，2020 年 1 月份预付电费达到 75 万余元，后因疫情原因无法生产，导致被稽查电费虚拟户。

暴露问题

（1）对用户预存电费管理不到位，存在电费资金审计风险。

（2）客户经理服务意识欠缺，未及时了解用户生产情况，存在未站在用户立场考虑问题，导致用户多次预存电费，增加企业资金投入成本。

处理结果

（1）用户提供转账凭证已申请退费。

（2）供电公司与用户签订"费控客户电费结算协议"，安装智能电能表。

🎯 **防范措施**

欠费高风险用户，可采取预付费装置，设定电费预警阈值，并加强与用户沟通，协助用户制订切实可行的复产计划，降低企业资金投入成本，帮助用户降本增效。

案例 53 电费预存金额大，用户沟通要做好

基本情况

通过营销稽查"电费虚拟户"主题筛查发现，某用户预收金额 25.72 万元，用户长期发行电量为零，预存金额较大。

核查情况

经核查，该用户 2020 年 3 月 25～31 日在 5 个工作日，每日刷卡预存电费 5 万元，现场一直未用电，2020 年 4 月电费余额 25.72 万元。

暴露问题

营销系统未发行电量电费，用户用电账户预存金额过大，存在电费资金管理风险。

处理结果

与用户沟通协商，建议用户按照用电情况，适当缴纳预收电费。

防范措施

加强与用户沟通，强化用户精准缴费，促进企业良性发展。

12
应发行未发行

案例 54　推送失败需处理，电费发行有保障

基本情况

通过营销稽查"抄表示数异常"主题筛查发现，某低压居民用户，2020 年 7 月份电费发行示数与电采示数不一致。

核查情况

经核实，因用电信息采集系统推送数据失败，工作人员未及时进行补抄，造成用电信息采集系统示数与营销示数不一致，2020 年 7 月份按零电量发行（见图 12-1）。

应收年月	电费类别	总电量	应收金额	实收电费	应交电费	应交违约金	实收违约金	划欠期数	发送次数	费用状态	结清标志	发行日期	缴费期限	抄表所
202007	正常电费	0		0		0	0.00	0		非锁定	全部结清	20200702	2020-08-01	00009
202006	正常电费	16418	8924.65	8924.65		0	0.00	0		非锁定	全部结清	20200602	2020-07-01	00009
202005	正常电费	16947	9212.2	9212.20		0	0.00	0		非锁定	全部结清	20200502	2020-06-01	00009
202004	正常电费	17567	9549.23	9549.23		0	0.00	0		非锁定	全部结清	20200402	2020-05-01	00009
202003	正常电费	20584	12607.7	12607.70		0	0.00	0		非锁定	全部结清	20200302	2020-04-01	00008
202002	正常电费	37925	23229.06	23229.06		0	0.00	0		非锁定	全部结清	20200202	2020-03-01	00008
202001	正常电费	27598	14199.43	14199.43		0	0.00	0		非锁定	全部结清	20200102	2020-02-01	00008

图 12-1　用电信息采集系统显示

暴露问题

（1）电采推送数据失败时，工作人员未及时处理，造成当月零电量。违反了《国家电网有限公司电费抄核收管理办法》第三章第二十七条："抄表示数上传后 24 小时内，应按抄表数据审核规则，完成全部审核工作，对自动抄表数据失败、数据异常的应立即发起补抄和异常处理，特殊原因当天来不及到现场补抄的，应在第二天完成补抄，抄表数据核对无误后，在规定时限内将流程传递至下一环节。"

（2）抄核人员未认真核实零电量用户的示数信息。违反了

《国家电网有限公司电费抄核收管理办法》第四章第三十四条："电量电费核算应认真细致。"

处理结果

（1）该公司已于 2020 年 8 月份合并发行 2020 年 7 月份漏计的电量电费 9195.82 元。

（2）依据《国家电网有限公司供电服务质量事件与服务过错认定办法》第四章第十二条（三）三类过错"情节较轻，给客户或企业造成 1 万元以下直接经济损失，引起客户不良感知或给企业造成轻微不良影响的供电服务过错。"认定责任人为三类过错，对责任人进行通报批评。

防范措施

规范抄表质量，对发行电量为零的用户应核实抄表示数信息是否正确，对采集失败的用户应及时补采，确保电量电费发行正确。

案例 55　电费发行出错误，　优惠执行需核实

基本情况

通过营销专项稽查"阶段性降低企业用电成本专项稽查 0302（非高耗能行业电价优惠执行超范围）"主题筛查发现，某用户，非高耗能企业用户，执行非居民照明电价，2020 年 2 月份未正常发行电费，于 2020 年 3 月份合并发行 2020 年 2～3 月份电费，存在疫情期间 95％电费优惠执行超范围（见图 12-2）。

图 12-2　疫情期间电费优惠执行超范围

核查情况

经核实，该用户 2020 年 2 月用电信息采集系统数据未抄通，导致未能正常发行电费。2020 年 3 月发行电费时将 2020 年 1 月 1 日～2 月 29 日电量合并发行，导致疫情期间 95％电费优惠执行超范围（2020 年 1 月 1 日～1 月 31 日的电量电费不应执行 95％电费优惠）。

🔍 暴露问题

（1）工作人员未及时处理用电信息采集数据采不通的异常情况，2020 年 2 月份抄表算费期间也未使用掌机补抄。违反了《国

家电网有限公司电费抄核收管理办法》第三章第二十六条："抄表例日三天前由采集运维人员进行采集质量检查，对发现采集失败的应在两天内完成现场消缺。"和第二十七条"抄表示数上传后 24 小时内，应按抄表数据审核规则，完成全部审核工作，对自动抄表数据失败、数据异常的应立即发起补抄和异常处理，特殊原因当天来不及到现场补抄的，应在第二天完成补抄，抄表数据核对无误后，在规定时限内将流程传递至下一环节。"

（2）抄核人员未认真核实用户的算费信息，导致电费计算错误。违反了《国家电网有限公司电费抄核收管理办法》第四章第三十四条"电量电费核算应认真细致。"

⚙ 处理结果

（1）于 2020 年 3 月份追补用户电价差错电费 571.19 元。

（2）依据《国家电网有限公司供电服务质量事件与服务过错认定办法》第四章第十二条（三）三类过错："情节较轻，给客户或企业造成 1 万元以下直接经济损失，引起客户不良感知或给企业造成轻微不良影响的供电服务过错。"认定责任人为三类过错，对责任人进行通报批评。

🎯 防范措施

（1）加强电费抄核收管理，认真核实抄表数据，确保电量电费计算正确。

（2）加强计量管理，及时处理电采异常情况。

案例 56　光伏采集有异常，补抄处理应及时

基本情况

某地市供电公司在开展日常稽查工作中发现，某光伏用户，上网电量大于发电量，无法正常发行。

核查情况

经核查，该用户因 2021 年 4 月采集失败，上网电量未抄回，造成 2021 年 5 月份发行时上网电量（4 月和 5 月累计上网电量）大于发电量（5 月发电量），无法正常发行。

暴露问题

计量人员未及时处理用电信息采集数据采不通的异常情况，2021 年 4 月份抄表算费期间也未使用掌机补抄。违反了《国家电网有限公司电费抄核收管理办法》第三章第二十六条："抄表例日三天前由采集运维人员进行采集质量检查，对发现采集失败的应在两天内完成现场消缺。"和第二十七条："抄表示数上传后 24 小时内，应按抄表数据审核规则，完成全部审核工作，对自动抄表数据失败、数据异常的应立即发起补抄和异常处理，特殊原因当天来不及到现场补抄的，应在第二天完成补抄，抄表数据核对无误后，在规定时限内将流程传递至下一环节。"

处理结果

（1）核算人员于 2021 年 5 月份通过退补电量方式，将多出的上网电量退掉，正常发行后，通过追补电费（立即出账）方式将退掉的上网电量补发。

（2）依据《国家电网有限公司供电服务质量事件与服务过错认定办法》第四章第十二条（三）三类过错："情节较轻，给客户或企业造成 1 万元以下直接经济损失，引起客户不良感知或给企业造成轻微不良影响的供电服务过错。"认定责任人为三类过错，对责任人进行通报批评。

🎯 防范措施

加强计量管理，及时处理电采异常情况，对发行电量为零的用户应核实抄表示数信息是否正确，对采集失败的用户应及时补采，确保电量电费发行正确。

案例 57　抄表核算需规范，电费发行应及时

基本情况

通过营销稽查"居民清洁电采暖电价执行异常"主题筛查发现，某居民用户，存在非供暖期执行供暖期清洁电采暖电价的情况。

核查情况

经核查，该用户符合执行供暖期清洁电采暖电价条件，2020年4月份制订抄表计划时漏抄导致未正常发行，2020年5月份分两次抄表结算，其中一次为供暖期电量电费，导致出现非供暖期（5月份）执行清洁电采暖电价的异常情况。

暴露问题

（1）抄表人员漏抄，违反了《国家电网有限公司电费抄核收管理办法》第三章第二十条："严格按规定的抄表周期和抄表例日对电力客户进行抄表。"

（2）核算人员未认真核实特殊时期特殊用户的算费信息，导致未发现用户电费漏发行。违反了《国家电网有限公司电费抄核收管理办法》第四章第三十四条："电量电费核算应认真细致"。

处理结果

依据《国家电网有限公司供电服务质量事件与服务过错认定办法》第四章第十二条（三）三类过错："情节较轻，给客户或企业造成1万元以下直接经济损失，引起客户不良感知或给企业造成轻微不良影响的供电服务过错。"认定责任人为三类过错，对责

任人进行通报批评，并要求其他人员引以为戒，避免类似问题再次发生。

🎯 防范措施

（1）规范抄表核算工作，对发行电量为零的用户应核实抄表示数信息是否正确，对采集失败的用户应及时补采，确保电量电费发行正确，杜绝漏抄漏发。

（2）对每年特抄任务进行核实，对未及时发行电量的电采暖用户用电情况进行监控，及时解决因抄表算费不及时造成的发行时间与用电时间不同步问题。

案例 58　新户不分抄表段，电费管理需加强

基本情况

通过营销稽查"首次未抄表情况"主题筛查发现，某低压用户，2019 年 7 月新装归档，2019 年 7 月～2020 年 9 月用电量未发行。

核查情况

经核实，用户新装归档后工作人员未及时分配抄表段，造成长期未发行电费。

暴露问题

工作人员疏忽忘记给用户分配抄表段，导致该用户长期未发行电量电费，存在欠费风险。违反了《国家电网有限公司电费抄核收管理办法》第三章第二十三条："（三）新装电力客户应在归档当月编入抄表段，注销电力客户应在下一抄表计划发起前撤出抄表段。"

处理结果

（1）该公司已于 2020 年 9 月为用户分配抄表段，10 月份抄表发行 2019 年 7 月～2020 年 10 月累计电量电费 5005.18 元。

（2）依据《国家电网有限公司供电服务质量事件与服务过错认定办法》第四章第十二条（三）三类过错："情节较轻，给客户或企业造成 1 万元以下直接经济损失，引起客户不良感知或给企业造成轻微不良影响的供电服务过错。"认定责任人为三类过错，对责任人进行通报批评。

🎯 防范措施

（1）加强工作人员责任心，及时分配抄表段。

（2）加强电费抄核收管理，对新装归档用户重点监控，次月完成首次抄表工作，确认现场与营销系统抄录数据是否正确一致，杜绝新装用户长期未发行电费发生，避免欠费风险。

案例59 基本电费有漏计，抄表管理需加强

基本情况

通过营销稽查"首次未抄表情况"主题筛查发现，某高压工业用户，2020年4月份新增归档，容量400kVA，2020年5月份和2020年6月份未发行电量电费。

核查情况

经该公司核实，确认存在问题，用户新装立户后未及时分配抄表段，造成电量电费未发行，漏计基本电费。

暴露问题

工作人员疏忽忘记给用户分配抄表段，导致电量电费未发行，漏计基本电费。违反了《国家电网有限公司电费抄核收管理办法》第三章第二十三条："（三）新装电力客户应在归档当月编入抄表段；注销电力客户应在下一抄表计划发起前撤出抄表段。"

处理结果

（1）该公司已于2020年6月份对该用户分配抄表段，2020年7月份正常发行电量电费及5、6基本电费共计6.39万元。

（2）依据《国家电网有限公司供电服务质量事件与服务过错认定办法》第四章第十二条（二）二类过错："情节较重，给客户或企业造成1万元及以上5万元以下直接经济损失，或在一定范围内给企业形象造成不良影响的供电服务过错。"认定责任人为二类过错，对责任人进行通报批评，并处罚金200元。

🎯 防范措施

（1）加强工作人员责任心，及时分配抄表段。

（2）加强电费抄核收管理，对新装归档用户重点监控，次月完成首次抄表工作，确认现场与营销系统抄录数据是否正确一致，杜绝新装用户长期未发行电费发生，避免欠费风险。

13
抄表及计量管理不到位

案例 60　表底示数录入错，　抄表查错要及时

基本情况

通过营销稽查"抄表示数异常"主题筛查发现，2020 年 2 月某远程采集低压用户，营销抄表示数与采集冻结示数存在示数偏差。

核查情况

经核查，该用户营销最近一次抄表实际抄表时间 2022 年 2 月 2 日 14：7：54，抄表示数 308.00，营销抄表例日采集示数冻结时间 2022 年 1 月 31 日零时，冻结示数 1278.64，倍率为 1.00，自动预抄日冻结电量差为 970.64。由于工作人员失误在该业务虚拆表计时表底示数录入有误，应抄应发行的正确电量没有对应的抄表环节，因此产生电量差。

暴露问题

（1）业务人员工作不规范，工作责任感有待加强。

（2）业务流程涉及专业监管管控不到位，未做到及时查错补漏。

处理结果

差错电量 970.64kW·h 随次月电费合并发行。

防范措施

规范抄表工作，做到二次复核，发现问题及时针对采集异常用户到现场补抄，保证电费正常发行。

案例 61　电表接线有错误，表计安装要规范

基本情况

通过营销稽查"非光伏用户存在反向有功示数"主题筛查发现，某非光伏用电户，出现产生反向有功电量情况。

核查情况

经现场核查，2019 年 10 月 20 日用户计量柜着火，10 月 23 日更换表计时极性全部反接，表计反向计量。12 月反向有功示数为 186.89。

暴露问题

（1）表计安装工作不规范。

（2）日常监督不及时，表计反向计量问题未能及时发现。

处理结果

（1）2021 年 12 月，通过电能计量装置改造流程更换电能表。

（2）追补反向电费 11447.01 元。

（3）依据《国家电网有限公司供电服务质量事件与服务过错认定办法》第四章第十二条（二）二类过错"情节严重，给客户或企业造成 1 万元及以上 5 万元以下直接经济损失，或在一定范围内给企业形象造成不良影响的供电服务过错。"认定负责人为二类过错，对责任人进行通报批评并处罚金 500 元。

防范措施

（1）规范计量装置安装工作，严格把控计量装置安装质量。

（2）加强现场监督管控，发现计量装置接线问题及时更正，避免电费流失。

14
核算及账务管理不到位

案例 62　少计电费不自知，政策理解要透彻

基本情况

通过营销稽查"基本电费不应免收而免收"主题筛查发现，某用户，现场变压器 2 台，容量分别为 630、315kVA，执行两部制电价，2020 年 2 月 27 日申请 630kVA 报停。该户 2 月 1～20 日电量大于 2019 年 12 月电量的 5%，存在少收基本电费情况。

核查情况

经核查，该用户 2 月 1～20 日电量（9 万 kW·h）大于 2019 年 12 月电量（17 万 kW·h）的 5%，不应享受免收基本电费政策，但用户于 2 月 27 日申请对 630kVA 变压器暂停，工作人员错误将暂停开始时间追溯至 2 月 1 日（计划恢复 6 月 30 日），造成少计基本电费。

暴露问题

工作人员对文件理解不透彻，造成少收基本电费。

处理结果

追补少计基本电费 1.09 万元。

防范措施

加强业务人员相关政策性文件的学习。

案例 63　销户余额未归还，业务流程要规范

基本情况

某用户，于 2021 年 11 月份办理销户，但其户号中剩余预付电费 3.7 万元一直未进行退费。

核查情况

经查询营销系统工单记录，该户 2021 年 11 月 12 日申请销户，11 月 14 日工单归档。核实工单流程时发现，该户在办理销户过程中，未发起退费流程，导致工单归档后预收余额未及时退还给用户。

暴露问题

（1）业务流程错误，导致未及时将预收余额退还给用户。

（2）账务管理不规范。

处理结果

2021 年 12 月份将用户预收余额 3.7 万元退还给用户。

防范措施

（1）加强业务人员培训，进一步规范业务流程。

（2）加强与用户沟通，对业务流程中出现的问题及时处理，及时整改。

案例64 销户退费不及时，账务管理要规范

基本情况

2021年4月10日通过稽查系统对"销户预收未退还"进行集中处理。某供电公司，截至2021年3月31日，销户存在预收余额用户21户。

核查情况

经核查，截至2021年3月31日，销户存在预收超过三年用户17户，金额31.7万元，涉及用户已无法取得联系，余额无法清退。

暴露问题

（1）业务流程不规范，导致未及时将销户用户预收余额退还给用户。

（2）账务管理不规范。

处理结果

根据《中华人民共和国民法总则》第一百八十八条债权债务诉讼时效相关规定，对营销系统销户满三年且有预收余额无法清退的用户，做预收余额转营业外收入处理。预收余额31.7万元于7月份已转营业外收入。

防范措施

（1）加强业务人员培训，在办理销户流程中应及时发起退费流程，将预收余额退还给用户。

（2）加强与用户沟通，对业务流程中出现的问题及时处理，及时整改。

（3）销户后用户长期未及时提供退费资料导致无法清退的，按照规定时间转营业外收入。

案例 65　现金解款超时限，收缴管控要加强

基本情况

通过营销稽查"现金解款超 24 小时"主题筛查发现，某用户2021 年 11 月 4 日缴纳电费金额 12 万元，工作人员收费后 11 月 7 日进行解款，解款后将现金交至银行电费账户。

核查情况

经核查，负责该用户电费缴费的收费人员为新员工，业务不熟练，收费后当天未及时解款，收费三天集中解款后将现金交至银行电费账户。

暴露问题

（1）现金、账务管理不规范，存在资金风险。

（2）业务人员业务不熟练。

处理结果

（1）加强员工业务培养。

（2）加强电费资金收缴各环节管控。

防范措施

（1）对公司所有收费人员进行集中培训，集中学习相关现金管理制度，避免类似问题产生。

（2）每天定时对未解款现金进行预警，对未解款笔数进行跟踪、监督，避免产生超时限解款，造成资金风险。

15
农排大电量

案例 66　　核实农业大电量，纠正业务小偏差

基本情况

通过营销稽查"农业电价执行异常"主题筛查发现，某低压用户，系统执行农业电价，月用电量在 10000kW·h 以上。

核查情况

该用户于 2020 年 3 月 22 日申请更名，原农业排灌用电性质变更为一般工商业用电性质，业扩人员只变更了用户名称，未及时对电价进行变更，导致电价执行错误。用户用电现场情况如图 15-1 所示。

图 15-1　用户用电现场情况

暴露问题

业扩人员责任心不强，出现了工作差错，用户实际用电性质

变更后未及时更改电价，造成执行电价与实际用电性质不符，违反了《国家电网有限公司业扩报装管理规则》第二章第三节第六十八条："受理客户用电申请时，应主动向客户提供用电咨询服务，接收并查验客户申请资料，及时将相关信息录入营销业务应用系统"和《国家电网有限公司供电服务标准》7.2.3"严格执行供电服务相关工作规范和质量标准，保质保量完成本职工作，为客户提供专业、高效的供电服务。"规定。

处理结果

（1）该供电公司已于 2020 年 6 月 16 日发起改类流程对电价进行更正，追补 2020 年 3 月 22 日～2020 年 6 月 16 日期间的差价电费 2805.13 元。

（2）依据《国家电网有限公司供电服务质量事件与服务过错认定办法》第四章第十二条（三）三类过错："情节较轻，给客户或企业造成 1 万元以下直接经济损失，引起客户不良感知或给企业造成轻微不良影响的供电服务过错。"认定责任人为三类过错，对责任人进行通报批评。

防范措施

（1）加强业扩管理，强化工作人员责任心，认真核实申请报装信息，避免出现用电类别、电价等档案信息错误。

（2）加大现场稽查工作力度，对农排大电量用户开展全面排查，发现问题及时处理。

案例 67　核查农业大电量，查处违约用电户

基本情况

通过营销稽查"农业电价执行异常"主题筛查发现，某低压用户，执行农业电价，月用电量在 10000kW·h 以上。

核查情况

通过现场核查，发现该用户私自在农业电价表计上接入工业负荷（见图 15-1），依据《供电营业规则》第一百条第 1 款："1. 在电价低的供电线路上，擅自接用电价高的用电设备或私自改变用电类别的，应按实际使用日期补交其差额电费，并承担二倍差额电费的违约使用电费。使用起讫日期难以确定的，实际使用时间按三个月计算。"规定，认定为违约用电。

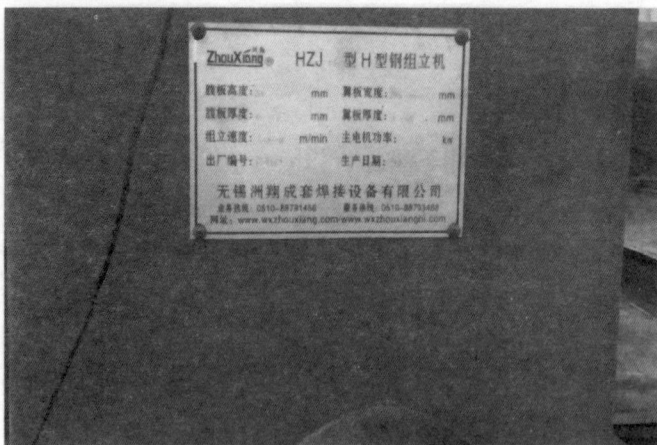

图 15-2　执行农业电价表计上接入的工业设备

暴露问题

（1）用电检查现场巡检不到位。

（2）用户存在违约用电行为。

处理结果

（1）拆除违规工业用电设备接线，协助用户将工业用电申请新装用电报装，执行一般工商业电价。

（2）依据《供电营业规则》第一百条："1. 在电价低的供电线路上，擅自接用电价高的用电设备或私自改变用电类别的，应按实际使用日期补交其差额电费，并承担二倍差额电费的违约使用电费。使用起讫日期难以确定的，实际使用时间按三个月计算。"规定，追补差价电费 2763.71 元及二倍的违约使用电费 5527.42 元，合计 8291.13 元。

防范措施

（1）加强现场用电检查工作。

（2）加大对农排大电量用户现场稽查工作力度，开展全面排查，发现问题及时处理。

16

服务承诺执行不规范

案例 68　抢修工作超时限，"十项承诺"要履行

基本情况

2021 年 12 月 25 日，某供电公司稽查牵头组织相关人员对所属辖区内供电抢修队伍进行明察暗访，18 点 10 分在市区某小区内拨打本地网格电话进行报修："家里面没电，邻居家都有电，家中开关没跳闸"。19 点 15 分抢修人员未与用户联系，也未到达抢修现场。

核查情况

经核查，抢修人员接到供服中心电话后，由于正在忙于其他工作，一直未与用户联系，也未及时到达抢修现场，存在超出承诺时间 45min 到达现场情况。

暴露问题

（1）工作人员责任心不强、服务意识淡薄，未严格执行供电服务"十项承诺"到达现场超时限。

（2）供电服务指挥中心对工单督办不力，未及时对抢修工单进行跟踪督办。

处理结果

根据《国网××省电力公司供电服务"零容忍"考核实施意见》，对相关责任人做出以下考核处理：

（1）对主要责任人经济处罚 3000 元，待岗 6 个月，同时取消年度评先、晋升资格。

（2）对供电所所长经济处罚 2000 元，同时取消年度评先、晋

升资格。

（3）对营销部主任处罚 1000 元。

🎯 **防范措施**

（1）重点加强员工队伍业务技能培训，加快抢修速度，提升抢修质量。

（2）供电服务指挥中心工作人员加强抢修工单跟踪、督办，保证故障及时处理。

17

违约用电（窃电）
管理不到位

案例 69　处罚过重引争议，违约处理应规范

基本情况

某地市供电公司在开展日常稽查工作中发现，某用户执行中小学照明电价，用电类别为中小学照明用电，运行两台 100kVA 变压器，在寒暑假期间月均用电量无明显变化，与学校用电规律性明显不符。经核查，该户实则向外私自转供电，追补差额电费及违约使用电费 15150 元，并责令用户停止外供电源。用户不满，认为处罚过重。

核查情况

经核查，该户用电类别为中小学教育，执行中小学照明电价（1—10 千伏），电度电价：0.508 元/(kW·h)。经现场核查，该户存在私自转供电，用电检查人员依据《供电营业规则》第一百条第 1 款追补该用户差额电费及违约使用电费 15150 元，用户对此提出异议，认为处罚过重。

暴露问题

用电检查人员专业业务不熟练，违约用电处罚不规范。

处理结果

（1）重新按照《供电营业规则》第一百条第 6 款规定，用户擅自转供 10kVA，应追补 5000 元违约电费，现退还用户 10150 元。

（2）依据《国家电网有限公司供电服务质量事件与服务过错认定办法》第四章第十二条（二）二类过错："情节较重，给客户或企业造成 1 万元及以上 5 万元以下直接经济损失，或在一定范围

内给企业形象造成不良影响的供电服务过错。"认定责任人为二类过错，对责任人进行通报批评，并处罚金 500 元。

防范措施

（1）定期核查季节性、学校等规律性用电场所的用电管理。

（2）加强用电检查违约用电专项培训，发现问题及时更正，及时处理。

案例70 用电性质私自改，违约处理应规范

基本情况

某地市供电公司在开展日常稽查工作中发现，某用户用电类别为农业排灌，变压器容量80kVA，电价执行一般农业生产用电电价，用户私自更改用电性质，用于吃水井用电，违约处罚不到位。

核查情况

经核查，该户用电类别为农业排灌，执行一般农业生产用电电价。经现场核查，该用户2021年3～5月私自转供电，用电检查人员依据《供电营业规则》第一百条第1款仅追补该用户一个月差额电费及违约使用电费18元，未按照《供电营业规则》追补三个月的差价电费和违约使用电费。

暴露问题

工作人员业务不熟练，违约用电处罚不规范。

处理结果

重新按照《供电营业规则》第一百条第1款规定，追补差价电费及违约电费，合计36元。

防范措施

加强用电检查违约用电专项培训，发现问题及时更正，及时处理。

18

电压质量

案例 71　台区低压未整改，配网改造要进行

基本情况

通过营销稽查"低电压台区"主题筛查发现，某问题连续存在，未及时解决低电压问题。

核查情况

经核查，营销系统中用户所在台区变压器容量为 100kVA，现场变压器铭牌容量为 50kVA，营销系统变压器档案与现场不符，该台区供电用户 96 户，低压 400V 线路为 LGJ-35mm² 导线，测算户均容量为 0.52kW 且现场变压器安装位置不合理，供电半径大（末端约 800m），通过电采系统调取数据，多户出现低电压，电压最低为 152V。

暴露问题

未及时对低电压原因进行现场核实，未明确低电压产生原因，存在投诉风险。

处理结果

将低电压台区列入配电网改造，彻底解决低电压问题。

防范措施

及时对产生低电压的用户进行认真分析原因，查明原因并制订整改计划，对完成整改的低电压用户，持续关注低电压问题是否消除。